PROJET D'EMPRUNT

DE 260 MILLIONS.

MÉMOIRE DU PRÉFET.

MESSIEURS,

Lorsque vous vous êtes réunis en 1871, vous vous êtes trouvés en présence d'une double tâche à remplir.

Vous aviez à rétablir l'équilibre entre les recettes et les dépenses du budget municipal qui, depuis plusieurs années, ne se soldait qu'au moyen de ressources extraordinaires.

Vous aviez en outre à assurer le payement d'une dette non consolidée, dont la plus forte partie venait à courte échéance, dette que l'ancienne Administration avait laissée derrière elle et que les événements de 1870 et 1871 avaient considérablement grossie.

L'Administration, grâce à votre concours qui ne lui a jamais fait défaut, et aux mesures financières que vous avez votées sur sa proposition, pendant les trois dernières années, a pu vous présenter pour 1875 un budget en équilibre.

En ce qui concerne la liquidation de la dette de la Ville :

L'emprunt de 350 millions que vous avez voté en 1871 a permis : 1° de liquider la Caisse des Travaux et la Caisse de la Boulangerie (18 millions); 2° de rembourser ceux des bons de la Caisse des Travaux qui venaient à échéance en 1871 et 1872 et s'élevaient à 34,888,000 francs; 3° de rembourser les bons de la Caisse municipale émis en 1870 et 1871 et montant à 63 millions; 4° enfin, de rembourser à la Banque de France 210 millions dont elle avait fait l'avance à la Ville pour le payement de la contribution de guerre (*le surplus de l'emprunt a été affecté aux frais de négociation et à des dépenses urgentes*).

L'emploi que vous avez donné aux bons de liquidation attribués à la Ville par la loi du 7 avril 1873 et diverses mesures financières ont permis : 1° de rembourser les bons de la Caisse des Travaux exigibles en 1873 et montant à 14,004,600 francs ; 2° de payer la portion de la Dette immobilière de l'ancienne Administration qui venait à échéance en 1873, soit 6,495,000 francs; 3° d'assurer le payement de la même dette venant à échéance en 1874 et s'élevant à 6,542,877 francs.

Pour terminer la liquidation du passé, il faut : 1° assurer le payement du restant de la dette non consolidée laissée par l'ancienne Administration et se composant, d'une part, des bons de la Caisse des Travaux exigibles en 1874, 1875 et 1876, s'élevant à 34,397,000 francs, et, d'autre part, de la Dette immobilière venant à échéance de 1875 à 1922 et s'élevant à 30 millions; 2° rembourser, pour partie à la Banque de France et pour partie aux porteurs de bons de la Caisse municipale, 60 millions formant le montant de la dette flottante que la Ville a été autorisée à créer pour faire face au déficit des budgets de 1871 et 1872.

Vous avez en même temps : 1° à pourvoir au déficit que présentera le budget de 1874, déficit qui provient, pour la plus grande partie, de l'impossibilité où l'Administration s'est trouvée d'obtenir en temps utile l'autorisation législative pour les taxes nouvelles qui devaient assurer l'équilibre entre les recettes et les dépenses ; 2° à rembourser à l'Assistance publique les avances qu'elle a faites pour le compte de la Ville.

Cette liquidation, ainsi que vous l'avez toujours prévu, ne peut se faire qu'au moyen d'un emprunt.

Il est, en outre, nécessaire de créer des ressources pour l'exécution de travaux qui sont actuellement engagés ou qui ont été décidés en principe par des votes du Conseil. Parmi ces travaux qui ne peuvent être poursuivis qu'au moyen de ressources extraordinaires, c'est-à-dire sur les fonds à provenir de l'emprunt, figurent :

1° L'achèvement de l'Hôtel-Dieu et de l'hôpital de Ménilmontant, et la réfection d'une partie des bâtiments dépendant du service hospitalier ;

2° La continuation des travaux du nouvel Hôtel de Ville et de divers édifices communaux ;

3° La construction des écoles qui ont fait l'objet de la délibération du Conseil municipal en date du 12 juin 1872, et de la loi du 15 juillet 1872 ;

4° Les travaux d'appropriation du cimetière de Méry-sur-Oise, et la construction du chemin de fer spécial dont vous avez décidé la création.

Il me paraît également indispensable de comprendre dans les travaux à doter au moyen des fonds de l'emprunt, un certain nombre d'opérations de voirie. En effet, plusieurs quartiers provenant de l'ancienne banlieue annexée ne sont point reliés au centre de la Ville par des voies de communication suffisantes, et la satisfaction qui leur est due à cet égard et qui leur est depuis longtemps promise, ne saurait être différée. D'autre part, dans les quartiers du centre, sur certains points, la circulation est devenue des plus difficile ; les grandes voie qui devaient améliorer cette situation sont restées inachevées ou n'ont pas été raccordées avec les rues avoisinantes, et dans cet état elles aggravent le mal auquel elles étaient destinées à remédier.

Enfin, Messieurs, au moment où la Ville est obligée de contracter un emprunt, il est avantageux d'y faire figurer le remboursement : 1° de l'emprunt de 19 millions qui a été affecté à l'achèvement des conduites d'eau de la Vanne ; 2° de la dette envers les entrepreneurs des magasins de la rue Curial.

En résumé : liquidation de la dette non consolidée ; — conversion de l'emprunt de la Vanne et de la dette de la rue Curial ; — continuation des travaux d'architecture actuellement engagés ou décidés en principe ; — ouverture d'un certain nombre de voies publiques, en se bornant à entreprendre celles de ces opérations de voirie qui se présentent avec un caractère d'absolue nécessité. — Telles sont les dépenses auxquelles il y a lieu de pourvoir au moyen d'un emprunt dont le chiffre me paraît devoir être fixé à 260 millions.

Les sommes nécessaires pour assurer le service des intérêts de cet emprunt et l'amortissement, peuvent être prélevées sur les ressources du budget ordinaire, sans recourir à l'établissement de nouveaux impôts ou à l'élévation des taxes actuelles, et, par conséquent, sans faire peser de nouvelles charges sur la population.

Ressources dont il est possible de disposer pour assurer le service de l'emprunt.

Dans les conditions d'émission qu'il est permis de prévoir, le service des intérêts d'un emprunt de 260 millions et l'amortissement en 75 années, exigeront une annuité de 13,140,000 francs.

Voici comment ces 13,140,000 francs peuvent être prélevés sur les ressources du budget.

1° Les fonds à provenir de l'emprunt devant être, pour partie, employés au remboursement de la dette non consolidée, les sommes inscrites au budget pour les intérêts de cette dette deviennent disponibles pour le service de l'emprunt.

Ainsi, en faisant figurer au tableau d'emploi des fonds de l'emprunt:

1° Le remboursement de la dette flottante ;

2° Le remboursement des bons de la Caisse des Travaux ;

3° Le remboursement de l'emprunt de la Vanne ;

4° Le remboursement de la dette contractée envers les entrepreneurs des bâtiments de la rue Curial ;

On reprend la disposition des crédits suivants ouverts au budget des dépenses :

Intérêts de la dette flottante (budget des dépenses, chap. 1, art. 23) . . . . Fr.	3,200,000	
Intérêts des bons de la Caisse des Travaux (budget des dépenses chap. 1, art. 24)	854,000	
Intérêts de l'emprunt de la Vanne (budget des dépenses, chap. 1, art. 7)	1,170,000	
Annuité due aux entrepreneurs des bâtiments de la rue Curial (budget des dépenses, chap. 1, art. 18)	517,000	
Total. . . . Fr.	5,741,000	
ci . . . . Fr.		5,741,000

Report. 5,741,000

2° Parmi les dépenses portées au projet de budget, figurent un certain nombre de *dépenses extraordinaires* qui sont couvertes au moyen des ressources du budget ordinaire.

En comprenant ces dépenses dans le tableau d'emploi des fonds à provenir de l'emprunt, les crédits qui leur étaient affectés dans le projet de budget doivent être supprimés et la réserve générale du budget se trouve accrue d'autant.

C'est ainsi que dans les tableaux qui vous ont été distribués et qui modifient le projet de budget, ne figurent plus : 1° le crédit de 500,000 francs pour subvention extraordinaire à l'Assistance publique qui formait le chap. 26 du projet de budget; 2° le crédit de 1 million pour indemnité pour retranchement de terrains qui formait le chap. 27 du projet de budget; 3° le crédit de 700,000 francs qui était alloué au service des eaux et égouts pour travaux extraordinaires et qui formait les art. 3 et 4 du chap. 30 du projet de budget.

Ces retranchements se justifient de la manière suivante :

L'allocation d'une somme à prélever sur les fonds de l'emprunt pour la réfection de ceux des bâtiments hospitaliers qui sont en mauvais état, permet de supprimer la subvention extraordinaire à l'Assistance publique qui figurait au projet de budget;

L'affectation à des travaux de voirie d'une somme importante à prélever sur l'emprunt permet à la Direction des Travaux de

A reporter. 5,741,000

		Report.	5,741,000

renoncer au crédit de 1 million ouvert au chapitre 27 du projet de budget;

Enfin, les travaux extraordinaires qui devaient être exécutés au moyen du crédit ouvert aux art. 3 et 4 du chap. 30 peuvent être compris parmi les travaux dotés au moyen de l'emprunt.

Au moyen : 1° de ces suppressions de crédit; 2° de recettes nouvelles qui n'étaient pas portées au projet de budget; et 3° de diminutions de dépenses qui ont été effectuées depuis que le projet de budget vous a été soumis, la réserve générale du budget (voir les tableaux modifiant le projet de budget) s'est trouvée portée au chiffre de 5,084,000 francs.

Sur cette réserve, il est possible d'affecter au service de l'emprunt une somme de.. . . . . Fr.	4,184,000

En effet, le surplus de la réserve (telle qu'elle est établie aux tableaux modifiant le projet de budget, soit 900,000 fr.), se trouvera grossi par des réductions de dépenses qui n'ont été comprises ni dans le projet de budget, ni dans les tableaux modificatifs qui vous ont été remis, savoir :

Réduction sur le budget de la Préfecture de Police . . . . Fr.	140,000	
Réduction sur le crédit ouvert au budget des dépenses, chap. 13, art. 26 (réparations des édifices religieux) . . . . .Fr.	50,000	
A reporter.	190,000	9,925,000

Reports.	190,000	9,925,000
Réduction à apporter à la subvention à l'Assistance publique, chap. 21, art. 1 . . . . Fr.	200,000	
(Cette réduction est motivée par la diminution survenue dans le prix du pain).		
Réduction à apporter sur le crédit ouvert à la Direction des Eaux et Égouts pour le personnel de ce service. . . . . Fr.	40,000	
Au total. . . . . Fr.	430,000	

Cette somme jointe à celle de 900,000 fr. portera le chiffre de la réserve à . . . . Fr. 1,330,000. »

On peut donc affecter au service de l'emprunt, dès le 1er janvier 1875, une somme totale de . . . Fr. 9,925,000

A cette somme viendra s'ajouter, à partir du 1er janvier 1876, une somme de . . . . , ... Fr. 3,220,000

En effet cette somme figure au projet de budget de 1875 (budget des dépenses, chap. 33) pour travaux extraordinaires d'architecture, savoir :

Collége Chaptal . . , ... Fr.	400,000	
Collége Rollin. . . . . Fr.	1,800,000	
Hôtel de Ville et édifices divers . . . . Fr.	1,020,000	
A reporter.		9,925,000

Report. 9,925,000

Parmi les travaux extraordinaires dont il s'agit ici, les uns seront terminés au moyen du crédit ouvert ainsi qu'il vient d'être dit, les autres seront continués au moyen de fonds à provenir de l'emprunt.

Ainsi les 3,220,000 francs à prélever, en 1875, sur les ressources du budget ordinaire, pour les dépenses prévues au chap. 33 du projet de budget, seront disponibles à partir du 1er janvier 1876, et pourront être affectés, à cette époque, au service de l'emprunt, ci. 3,220,000

Total. . . . . . Fr. 13,145,000

Si vous décidez, conformément à ma proposition, que les souscripteurs de l'emprunt auront un délai de trois années pour se libérer par des versements successifs, le service de l'emprunt n'exigera pas, en 1875, la totalité des 9,925,000 francs disponibles, et n'exigera pas non plus, en 1876 et 1877, la totalité des 13,140,000 francs, représentant l'annuité qui ne sera due que le jour où l'emprunt sera complétement réalisé.

Les sommes restant libres de ce chef, viendront grossir dans des proportions considérables la réserve des exercices 1875, 1876 et 1877.

Emploi proposé pour les 260 millions à provenir de l'Emprunt.

1° Remboursement de la dette flottante. . . . . Fr. 60,000,000

A reporter. 60,000,000

Report. 60,000,000

La dette flottante de 60 millions a été créée pour suppléer au déficit de 1871-1872, et est autorisée par la loi de finances jusqu'au 1er janvier 1876.

Cette dette se compose, jusqu'à concurrence de 30 millions, de bons escomptés par la Banque de France et renouvelés à leur échéance. Aux termes du traité avec la Banque de France, la somme de 30 millions, montant des bons escomptés par elle, doit être remboursée sur les fonds à provenir de l'emprunt.

Le surplus de la dette flottante se compose de bons de la caisse municipale, placés dans le public et montant aujourd'hui à 29,319,585 francs en capital;

2° Remboursement des bons de la Caisse des Travaux.

Les bons de la Caisse des Travaux représentent une partie de la dette non consolidée de l'ancienne Administration.

Ceux de ces bons qui venaient à échéance antérieurement à 1874 ont été remboursés. Après le remboursement de ceux venant à échéance en 1874, 1875 et 1876, cette partie de la dette de l'ancienne Administration sera éteinte.

Au budget de l'exercice 1874, il avait été prévu que les bons venant à échéance dans le cours de cet exercice seraient remboursés pour partie au moyen des fonds à provenir de l'emprunt, et pour partie au moyen des ressources du budget.

A reporter. 60,000,000

		Report.	60,000,000

Le budget de 1874 devant présenter un déficit, il est préférable de comprendre dans l'emprunt la totalité des bons échéant en 1874.

La somme à comprendre dans l'emprunt pour remboursement des bons de la Caisse des Travaux se composera donc :

De l'échéance de 1874 . . . . Fr.	14,029,700	
De l'échéance de 1875.	10,208,200	
De l'échéance de 1876.	10,159,800	
Au total.	34,397,700	34,397,700

3° Remboursement de la Dette immobilière.

Cette portion de la dette non consolidée de l'ancienne Administration a été remboursée jusqu'en 1874, y compris l'échéance de ladite année.

Le surplus de la Dette immobilière s'élève à 30 millions venant à échéance de 1875 à 1922.

L'échéance de 1875 est de. . . . . Fr.	5,600,819
L'échéance de 1876 est de.	3,587,941
L'échéance de 1877 est de.	2,183,350
Au total.	11,372,110

A reporter.	94,397,700

Report. 94,397,700

A partir de 1878, les échéances annuelles deviennent assez faibles pour qu'il soit possible d'y faire face avec les ressources ordinaires du budget.

Il paraît donc suffisant de comprendre dans l'emprunt le remboursement des échéances de 1875, 1876 et 1877, soit . . . . Fr. 11,372,110

4° Affectation de la somme nécessaire pour combler le déficit que présentera le budget de 1874.

Les taxes de pavage et d'éclairage dont le produit présumé avait été porté au budget des recettes de 1874 n'ont point été autorisées. Les centimes additionnels qui sont destinés à remplacer ces taxes, et dont la perception est autorisée par la loi du 5 août 1874, ne seront mis en recouvrement qu'à partir du 1er janvier 1875.

Les nouveaux droits d'octroi votés par le Conseil municipal au mois de décembre 1873 avaient également été compris dans les prévisions de recettes du budget de 1874. La perception de ces droits nouveaux n'a été autorisée que par la loi du 5 août 1874 et ils n'ont pu être mis en perception que dans le courant du mois d'août.

A ces deux causes de déficit vient se joindre le mécompte qui s'est produit sur les prévisions des recettes de l'octroi.

Mais d'un autre côté : 1° diverses ressources qui seront constatées

A reporter. 105,769,810

Report. 105,769,810

au budget supplémentaire; 2° l'affectation d'une partie des fonds de l'emprunt au payement des bons de la caisse des travaux qui avaient été compris dans les dépenses du budget de 1874, viendront atténuer le déficit dont il s'agit.

Pour combler le déficit à prévoir pour l'exercice 1874, il suffit de comprendre dans l'emprunt, avec cette affectation spéciale, une somme de. 15,000,000

5° Remboursement de l'emprunt de la Vanne.

La Ville, en contractant en 1872 l'emprunt de 19 millions dont le produit a été affecté aux travaux de dérivation de la Vanne et aux travaux de la presqu'île de Gennevilliers, s'est réservé la faculté de rembourser cet emprunt à l'époque qu'il lui plairait de choisir, à partir de 1877.

Au taux actuel des valeurs de la Ville, il est avantageux d'user de cette faculté et de comprendre dans l'emprunt à effectuer le remboursement de l'emprunt de la Vanne, ci. 19,000,000

6° Il est également avantageux de comprendre dans l'emprunt le remboursement de la dette contractée à l'égard des entrepreneurs de bâtiments de la rue Curial, ci. . . . . Fr. 4,000,000

7° Remboursement des sommes dues à l'Assistance publique, et travaux du nouvel Hôtel-Dieu et de l'hôpital de Ménilmontant.

Pour régler les arriérés dus à l'Assistance publique et terminer

A reporter. 143,769,810

	Report.	143,769,810
l'Hôtel-Dieu, il est nécessaire de disposer d'une somme de. . . . . Fr.	10,500,000	
Les crédits nécessaires pour terminer l'hôpital de Ménilmontant s'élèvent à . . . . Fr.	4,700,000	
Au total. . . . . . Fr.	15,200,000	

Mais la liquidation des comptes de l'Hôtel-Dieu, à régler entre la Ville et l'Assistance publique, ne peut se faire qu'au moment où l'Assistance publique aura vendu des terrains dont le produit doit être affecté à l'édification de cet hôpital.

Il suffit donc de porter à l'emprunt une somme de. . . . . Fr. 12,000,000

3° Achèvement des travaux extraordinaires d'architecture en cours d'exécution.

Les crédits nécessaires pour achever ces travaux étaient évalués au commencement de 1874, à 19,833,555 francs. (*Voir à la suite du présent mémoire le tableau A.*)

Cette somme se décomposait ainsi :

Hôtel de Ville. . . . . Fr.	12,500,000
Édifices divers. . . . . Fr.	7,333,555
Total. . . . . Fr.	19,833,555

A reporter. 155,769,810

Reports.	19,833,555	155,769,810
Il faut déduire de ce chiffre la somme de. . Fr. qui figure aux budgets de 1874 et 1875.	4,620,589	
Il reste donc . . . . Fr.	15,212,966	
Mais il suffit de porter à l'emprunt une somme de 11 millions. Cette somme suffira pour achever les édifices divers et pour terminer le gros œuvre de l'Hôtel de Ville, ci		11,000,000
9° Constructions d'écoles.		
Le Conseil municipal a décidé qu'une somme de 18 millions serait employée à la construction d'écoles.		
Une somme de 6 millions a déjà été affectée à cet usage et prélevée sur les ressources extraordinaires des exercices antérieurs à 1875.		
En portant, de ce chef, à l'emprunt une somme de 8 millions, on aura le moyen de pourvoir aux engagements qui ont été contractés et de terminer les établissements scolaires les plus utiles, ci. . . . . , ...		8,000,000
10° Somme à affecter à l'établissement du cimetière de Méry-sur-Oise et à la construction du chemin de fer spécial voté par le Conseil municipal.		12,000,000
11° Travaux extraordinaires du service des eaux et des égouts.		5,000,000
A reporter.		191,769,810

Report. . . . 191,769,810

(Un mémoire spécial sera soumis au Conseil pour l'emploi de ce crédit).

12° Travaux d'architecture à entreprendre (en dehors des travaux de cette nature qui sont déjà engagés, et dont il a été parlé plus haut).

Ces travaux comprennent :

1° Les réparations et constructions à exécuter dans les entrepôts et les marchés, la construction de divers édifices municipaux et quelques travaux de plantations indispensables ;

2° La réfection d'un certain nombre de bâtiments du Service hospitalier, qui sont délabrés;

3° La part de la Ville dans la construction de la Faculté des Sciences et de l'École pratique dépendant de la Faculté de Médecine.

Le tableau B, placé à la suite du présent mémoire, indique tous les travaux d'architecture qu'il serait utile d'exécuter et dont la dépense totale s'élèverait à 22 millions.

Mais on ne propose ici que de comprendre dans l'emprunt ceux de ces travaux qui ont un caractère particulier d'urgence, en attribuant :

A reporter. . . . 191,769,810

Report.		191,769,810
1° Au Service hospitalier . . . . Fr.	4,000,000	
2° Aux Entrepôts, Marchés, Édifices municipaux, etc.. Fr.	5,000,000	
3° Aux travaux des Facultés. . . . . Fr.	4,000,000	
Au total. . . . . Fr.	13,000,000	13,000,000
13 Travaux de pavage à exécuter dans la zone de l'ancienne banlieue annexée . . . . Fr.		2,000,000

14° Travaux de voirie à entreprendre :

Le tableau C, annexé au présent mémoire, indique le détail des opérations proposées.

Ces opérations nécessitent une dépense totale de	47,000,000	
dont il faut déduire le produit de la revente de terrains.	4,000,000	
Il reste à porter à l'emprunt. . . . . Fr.	43,000,000	43,000,000

(Pour éviter tout mécompte, j'estime qu'il y aura lieu de décider que l'une des opérations portées au tableau C, l'ouverture du boulevard d'Enfer, dont la dépense est évaluée à 3 millions, ne sera entreprise qu'au moment où le produit présumé de la revente des terrains sera encaissé par la Ville).

A reporter.	249,769,810

Report. . . .	249,769,810
15° Frais de l'emprunt et imprévu	10,230,190
TOTAL. . . Fr.	260,000,000

Conditions et mode d'émission de l'emprunt.

Les propositions que j'ai à vous soumettre à cet égard ne peuvent porter en ce moment que sur les conditions générales de l'émission.

J'ai l'honneur de vous proposer de fixer le chiffre de l'emprunt à 260 millions,

Et de décider:

1° Que des obligations seront émises jusqu'à concurrence de cette somme, lesdites obligations rapportant 20 francs d'intérêt annuel et remboursables au taux de 500 francs;

2° Qu'il sera créé des lots d'une valeur totale de 1 million par an, qui seront attribués par la voie de tirages au sort.

3° Que l'amortissement de l'emprunt sera effectué en 75 années.

4° Que les obligations représentant le montant de l'emprunt seront émises par voie de souscription publique.

Enfin, de décider qu'une commission de trois membres nommée par le Conseil municipal et choisie dans son sein règlera, d'accord avec le Préfet, les conditions et le taux de l'émission de l'emprunt.

Le Préfet de la Seine,

FERDINAND DUVAL.

ANNEXES.

Tableau A.

ÉTAT DES OPÉRATIONS D'ARCHITECTURE EN COURS D'EXÉCUTION.

ÉTABLISSEMENTS.	MONTANT des PROJETS.	MONTANT des TRAVAUX EXÉCUTÉS antérieurement à la guerre.	MONTANT des TRAVAUX VOTÉS par le Conseil municipal en 1871 et 1872.	TOTAL des CRÉDITS ALLOUÉS.	SOMMES PAYÉES.	SOMMES restant A PAYER.	SOMMES ALLOUÉES par le CONSEIL MUNICIPAL en 1873.	TOTAL des CRÉDITS ALLOUÉS jusqu'à ce jour.	RESTE A CRÉDITER pour terminer L'OPÉRATION.	OBSERVATIONS.
1	2	3	4	5	6	7	8	9	10	11
Opérations entreprises.										
Hôtel de Ville (restauration de l'hôtel) 16,149,521. 36										
Dépenses préparatoires...... 114,294. 21	17,403,012. 57	» »	3,000,000. »	3,000,000. »	129,990. 61	2,870,009. 39	2,000,000. »	5,000,000. »	12,403,012. 57	
Annexe nord............. 1,139,197. »										
Église Notre-Dame-de-la-Croix.............	2,713,586. »	2,348,351. »	80,000. »	2,428,351. »	2,214,321. »	214,030. »	» »	2,428,351. »	285,235. »	
Presbytère Saint-Bernard................	370,000. »	130,088. »	» »	130,088. »	130,088. »	» »	» »	130,088. »	239,912. »	
Église Saint-François-Xavier (2e p)...........	2,744,123. »	1,028,461. »	410,000. »	1,438,461. »	1,205,015. »	233,446. »	400,000. »	1,838,461. »	905,662. »	
Église Saint-Joseph.....................	1,590,941. »	725,353. »	341,750. »	1,067,103. »	929,685. »	137,418. »	400,000. »	1,407,103. »	183,838. »	
Église Notre-Dame-des-Champs..............	1,728,768. »	697,652. »	349,990. »	1,047,642. »	747,113. »	300,529. »	200,000. »	1,247,642. »	481,126. »	
Temple Israélite, rue de la Victoire..........	1,694,000. »	681,133. »	559,970. »	1,241,103. »	767,667. 16	473,435. 84	150,000. »	1,391,103. »	302,897. »	
Temple Israélite, place Royale..............	868,990. »	413,743. »	268,500. »	682,243. »	482,122. »	200,121. »	100,000. »	782,243. »	86,747. »	
Mairie du 12e arrondissement...............	670,000. »	» »	200,000. »	200,000. »	» »	200,000. »	100,000. »	300,000. »	370,000. »	
Mairie du 13e —	767,000. »	» »	200,000. »	200,000. »	» »	200,000. »	100,000. »	300,000. »	467,000. »	
Mairie du 15e —	657,000. »	» »	200,000. »	200,000. »	» »	200,000. »	100,000. »	300,000. »	357,000. »	
Mairie du 16e —	2,346,762. »	1,180,047. »	433,768. »	1,613,815. »	1,496,745. »	117,070. »	400,000. »	2,013,815. »	332,947. »	
Mairie du 20e —	426,000. »	» »	200,000. »	200,000. »	» »	200,000. »	100,000. »	300,000. »	126,000. »	
Abattoirs et Marchés....................	15,556,507. 64	13,186,203. 14	701,348. 34	13,887,551. 48	13,081,476. »	806,075. 48	1,500,000. »	15,387,551. 48	168,956. 16	
Collège Rollin..........................	4,906,454. 60	1,614,898. »	415,000. »	2,029,898. »	1,913,884. »	116,014. »	300,000. »	2,329,898. »	2,576,556. 60	
Collège Chaptal.........................	3,402,046. »	2,130,380. »	385,000. »	2,515,380. »	2,132,725. 84	382,654. 16	400,000. »	2,915,380. »	486,666. »	
TOTAUX............	57,960,190. 81	24,006,221. 14	7,745,328. 34	31,751,547. 48	25,100,714. 61	6,650,832. 87	6,250,000. »	38,131,635. 48	19,833,555. 33	

Tableau 13.

ÉTAT DES OPÉRATIONS D'ARCHITECTURE QU'IL SERAIT UTILE D'ENTREPRENDRE.

ÉTABLISSEMENTS.	MONTANT DES PROJETS.	OBSERVATIONS.
Opérations à entreprendre.		
Édifices religieux. — Travaux de restauration et d'agrandissement ou constructions neuves, savoir :		
Église Saint-Germain-l'Auxerrois		
— Sainte-Élisabeth		
— Saint-Nicolas-des-Champs		
Temple protestant des Billettes		
Église Saint-Médard		
— Saint-Nicolas-du-Chardonnet		
— Saint-Germain-des-Prés		
— Saint-Thomas-d'Aquin		
— Saint-Laurent	9,300,000. »	
— Saint-Antoine-des-Quinze-Vingts		
Temple protestant de Plaisance		
Église Saint-Pierre-de-Chaillot		
— Notre-Dame-d'Auteuil		
— Saint-Ferdinand-des-Ternes		
Temple protestant de Belleville, rue Julien-Lacroix		
Achèvement de l'infirmerie et du noviciat des Frères, rue Oudinot		
Marchés. — Aménagement des boutiques et réparation générale des anciens marchés régis par la Ville		
A reporter	0,500,000. »	

ÉTABLISSEMENTS.	MONTANT DES PROJETS.	OBSERVATIONS.
Report	10,500,000. »	
Marché des Blancs-Manteaux		
— des Carmes		
— Saint-Germain	700,000. »	
— Beauveau-Saint-Antoine		
— Passy		
Création de marchés à titre définitif. — Savoir :		
Marché Maubeuge		
— du Gros-Caillou, angle des rues Nicot et de l'Université	2,300,000. »	
— de la rue de Clichy		
— aux Chevaux		
Mairies anciennes.		
Travaux d'amélioration	500,000. »	
Anciens abattoirs, entrepôts, octroi	1,300,000. »	
Remaniement de la façade de l'École de Médecine		
Agrandissement et modification des distributions de l'École pratique de Médecine	3,500,000. »	
Agrandissement de la Sorbonne et création de la Faculté des Sciences sur les terrains retranchés du Luxembourg		
Grosses réparations et amélioration des Entrepôts de Bercy et Saint-Bernard	3,000,000. »	
Travaux de promenades et plantations	1,200,000. »	
TOTAL	23,000,000. »	

Tableau C.

OPÉRATIONS DE VOIRIE A POURSUIVRE DIRECTEMENT PAR LA VILLE.

ARRONDISSEMENTS.	DÉSIGNATION des OPÉRATIONS.	CRÉDIT NÉCESSAIRE par opération.	DÉJÀ VOTÉ.	RESTE A VOTER pour acquisition.	RESTE A VOTER pour viabilité.	RESTE A VOTER TOTAL.	REVENTE DE TERRAINS par opération.	DÉPENSE NETTE en fin de compte.	OBSERVATIONS.
	Rue de Turenne (formation du débouché sur la rue Saint-Antoine	255,000.	»	250,000.	5,000.	255,000.	135,560.	»	
4e	Boulevard Henri IV	5,000,000.	»	»	»	5,000,000.	»	»	
	Rue des Billettes et de l'Homme-Armé	1,050,000.	»	1,000,000.	50,000.	1,050,000.	»	»	
5e	Rue Soufflot (acquisition des maisons 17, 19, 21)	1,500,000.	500,000.	1,000,000.	»	1,000,000.	900,000.	»	Reliquat sur le crédit déjà voté...... 150,000 francs.
	Boulevard Saint-Germain (Hautefeuille-Odéon)	8,000,000.	»	»	»	8,000,000.	»	»	
	Rues du Four et du Vieux-Colombier, entre la rue de Rennes et le carrefour de la Croix-Rouge	3,100,000.	800,000.	2,250,000.	50,000.	2,300,000.	850,000.	»	Reliquat sur le crédit déjà voté........ 580,000 francs environ.
6e	Rues Mézières et du Gindre	1,400,000.	»	1,370,000.	30,000.	1,400,000.	300,000.	»	
	Boulevard Saint-Germain, aux abords de l'église Saint-Germain-des-Prés	2,200,000.	»	»	»	2,200,000.	»	»	
10e	Rues de l'Aqueduc, du Chaudron et de Château-Landon	560,000.	»	»	»	560,000.	1,200,000.	»	Terrain de l'Abattoir et de la Caserne Saint-Denis (à revendre).
11e	Avenue Parmentier, entre les rues Oberkampf et du Faubourg-du-Temple	2,500,000.	»	2,165,000.	335,000.	2,500,000.	»	»	
13e	Rue de Tolbiac, entre la rue de la Glacière et l'avenue de Choisy	2,500,000.	»	1,550,000.	950,000.	2,500,000.	200,000.	»	
	Avenue d'Enfer	3,200,000.	»	»	»	3,200,000.	»	»	
14e	Rue d'Alésia, de l'avenue d'Orléans à l'avenue de Montsouris	2,800,000.	»	2,300,000.	500,000.	2,800,000.	»	»	
	Chemin des Plantes	150,000.	»	114,000.	36,000.	150,000.	»	»	
	Rue Croix-Nivert prolongée	420,000.	»	»	»	420,000.	»	»	
15e	Rue Pérlet	100,000.	»	»	»	100,000.	»	»	
	Rue Mozart	1,200,000.	200,000.	600,000.	400,000.	1,000,000.	»	»	
16e	Église d'Auteuil et abords	300,000.	»	»	»	300,000.	»	»	
	Rue Benjamin-Delessert	1,200,000.	»	600,000.	600,000.	1,200,000.	»	»	
	A reporter	37,435,000.	1,500,000.	13,199,000.	2,956,000.	35,935,000.	3,585,560.	»	

Tableau C. (*suite*).

OPÉRATIONS DE VOIRIE A POURSUIVRE DIRECTEMENT PAR LA VILLE.

[illegible]	DÉSIGNATION des OPÉRATIONS.	CRÉDIT NÉCESSAIRE par opération.	DÉJÀ VOTÉ.	RESTE A VOTER.			REVENTE DE TERRAINS par opération.	DÉPENSE NETTE en fin de compte.	OBSERVATIONS.
				pour acquisitions.	pour viabilité.	TOTAL.			
	Report	37,435,000. »	1,500,000. »	13,199,000. »	2,936,000. »	35,935,000. »	3,585,560. »	» »	
17ᵉ	Rue Legendre	600,000. »	200,000. »	» »	» »	400,000. »	» »	» »	
	Place Jessaint	300,000. »	» »	» »	» »	300,000. »	» »	» »	
18ᵉ	Rue Damrémont	1,000,000. »	700,000. »	» »	» »	300,000. »	» »	» »	
	Rues Ordener, Caulaincourt, Championnet et boulevard Chasseloup-Laubat	2,000,000. »	» »	» »	» »	2,000,000. »	» »	» »	
19ᵉ	Rue Corial	400,000. »	100,000. »	» »	» »	300,000. »	» »	» »	
	Rue Sorbier et rue Juillet	1,880,000. »	» »	1,300,000. »	580,000. »	1,880,000. »	» »	» »	
20ᵉ	Rue des Couronnes prolongée, et raccordement avec la rue de la Mare et la rue Piat	1,000,000. »	» »	705,000. »	295,000. »	1,000,000. »	» »	» »	
	Complément de l'opération de la rue des Bois et abords	800,000. »	400,000. »	» »	» »	400,000. »	» »	» »	
	Dégagement de Notre-Dame-de-la-Croix, rue de la Dhuys et abords de la Mairie ancienne	1,065,000. »	» »	» »	» »	1,065,000. »	» »	» »	
	Imprévu et divers	2,420,000. »	» »	» »	» »	2,420,000. »	» »	» »	
	TOTAUX	48,900,000. »	2,900,000. »	15,204,000. »	3,831,000. »	46,000,000. »	3,585,560. »	» »	
	Revente de divers terrains provenant de petites opérations						415,000. »		
	TOTAL (en nombre rond)					4,000,000. »	4,000,000. »		
	RESTE NET					42,000,000. »			

www.ingramcontent.com/pod-product-compliance
Ingram Content Group UK Ltd.
Pitfield, Milton Keynes, MK11 3LW, UK
UKHW021030220726
13924UKWH00001B/226